SILVIO PELLICO

LETTERE AI REDATTORI

DELL'ANTOLOGIA:

GIUSEPPE MONTANI

E

GIOVAN PIETRO VIEUSSEUX

(1832-1833)

Edizione critica

a cura di Cristina Contilli

Lulu.com

3101 Hillsborough Street

Raleigh, NC 27607

USA

Printed in 2015

Nuova edizione riveduta ed ampliata.

Introduzione

Compilatore, secondo le testimonianze dell'epoca, ma più esattamente per quanto è possibile ricostruire dalle lettere dello stesso Pellico, caporedattore della rivista progressista *Il Conciliatore*, Silvio Pellico aveva maturato in un anno di travagliata vita della rivista a causa della censura austriaca una discreta esperienza nell'elaborare articoli di vario tipo dalle recensioni di libri (dalle tragedie di Schiller ai contemporanei italiani) ai racconti brevi (come la novella "I matrimoni" o gli stralci del "Battistino Barometro") ed è comprensibile quindi che potesse capire dal punto di vista di chi aveva già vissuto queste esperienze in prima persona il notevole lavoro svolto da Vieusseux e dagli altri compilatori della rivista fiorentina *L'Antologia*.

Diventano, dunque, facilmente comprensibili le frasi che Pellico rivolge al Vieusseux in un'interessante missiva del 1833, conservata nella Biblioteca Nazionale Centrale di Firenze.

Scrive, infatti, Pellico: "Voi da gran tempo cercate di fare, e fate gran bene al vero sapere, nella nostra penisola. Come tutti gl'Italiani ve ne sono grato e lodo la vostra magnanima perseveranza."

Perseveranza che lo stesso Pelico aveva dovuto imparare ad avere nel periodo 1818-1819, in cui come caporedattore del *Conciliatore,* si era trovato da una parte nella necessità di mediare tra i vari collaboratori della rivista, mentre dall'altra parte aveva dovuto spesso saper rimediare in tempi brevi (*Il*

3

Conciliatore usciva due volte a settimana) ai tagli spesso consistenti della censura.

A Firenze la censura era stata generalmente più intelligente e meno invasiva di quella austriaca nei confronti di una rivista più letteraria e scientifica che politica come l'*Antologia*, espressione di un liberalismo moderato, a cui il Pellico si sentiva vicino.

Il taglio moderato della rivista e la maggiore tolleranza da parte del governo del Gran Ducato di Toscana avevano permesso all'*Antologia* di avere una vita più lunga e meno tormentata del *Conciliatore*, una vita durata quasi dodici anni (dal 1821 al 1833) a paragone dei tredici mesi del *Conciliatore*.

Nell'ultimo periodo prima dell'improvvisa chiusura nel novembre del 1819 la redazione del *Conciliatore* si era ampliata, arrivando a comprendere il gruppo dei liberali bresciani e mantovani, costituito da Giovita Scalvini, Camillo Ugoni e Giovanni Arrivabene, ma aveva anche incluso il critico letterario ed ex monaco barnabita di origine cremonese Giuseppe Montani che, secondo quanto raccontò nel 1833 Piero Maroncelli nelle sue *Addizioni alle Mie prigioni*, avrebbe dovuto prendere in prospettiva il posto del Pellico che così avrebbe avuto più tempo da dedicare alla stesura delle proprie tragedie e in generale alla sua attività di scrittore.

Questo progetto, però, non andò mai in porto a causa prima della chiusura della rivista e poi dell'arresto del Pellico.

Finiti in carcere molti dei suoi amici milanesi e sottoposto anche egli ai pressanti interrogatori della polizia austriaca, Montani accolse sicuramente volentieri, per ragioni sia affettive sia economiche, la proposta di trasferirsi a Firenze fattagli nel 1823 dal Vieusseux e divenne negli anni seguenti uno dei redattori più apprezzati e affidabili della rivista *L'Antologia*.[1]

La vicenda di Montani diventa, perciò, emblematica di una sorta di passaggio di consegne dal più battagliero *Conciliatore* alla più moderata *Antologia*, contraddistinte, però, entrambe dall'adesione agli ideali letterari e politici del Romanticismo.

Le due lettere al Vieusseux e le tre a Giuseppe Montani, scritte nel periodo 1832-1833, che vengono ripubblicate in questo volume sono, però, dal mio punto di vista interessanti non solo perché rimettono in discussione l'idea di un Pellico divenuto dopo la prigionia "reazionario" e conservatore, ma anche perché dimostrano che negli ambienti liberali moderati il libro di memorie del Pellico era stato apprezzato.

Infine sono interessanti anche per un altro motivo più relativo al carattere del Pellico sembrano dimostrare, infatti, che Pellico dopo due anni di vita prudente e ritirata avesse in seguito alla pubblicazione de *Le mie prigioni* ritrovato lo stesso coraggio che aveva contraddistinto la sua attività letteraria prima dell'arresto.

Da queste cinque lettere risulta, infatti, che Pellico aveva pubblicato un articolo sull'Antologia e che ne aveva inviato un secondo redatto da un suo amico che tuttavia non venne pubblicato a causa della chiusura della rivista.

Cristina Contilli, maggio 2012
(revisione di gennaio 2015)

---

[1]   http://www.vieusseux.fi.it/biblio/cronologia/1819-1829.html:
"Marzo 1824: Giuseppe Montani si stabilisce a Firenze e diventa redattore fisso stipendiato dell'Antologia."

ANTOLOGIA

GIORNALE

DI SCIENZE, LETTERE E ARTI

Vol. XLIV della Collezione

VOLUME QUARTO
DEL SECONDO DECENNIO.

Ottobre, Novembre e Dicembre

1831.

FIRENZE
AL GABINETTO SCIENTIFICO E LETTERARIO
DI G. P. VIEUSSEUX
DIRETTO E EDIT.
TIPOGRAFIA DI LUIGI PEZZATI

Due riviste a confronto: Il Conciliatore e L'Antologia

A GIUSEPPE MONTANI²

---

²   Un'edizione degli "Scritti letterari" di Giuseppe Montani è stata pubblicata nel 1980 da Einaudi. Nel 1843 per interessamento dei suoi amici fiorentini era uscito un libro intitolato "Memorie della vita e degli scritti di Giuseppe Montani" che è possibile scaricare integralmente dalla funzione libri di google:

http://books.google.it/books?id=9Rg6AAAAcAAJ&printsec=front cover&dq=%22Giuseppe+Montani%22&hl=it&sa=X&ei=iuubT5O_OtKM 4gTayPSpDg&ved=0CDAQ6AEwAA#v=onepage&q=%22Giuseppe%20M ontani%22&f=false

Relativamente a Pellico è interessante notare che viene definito in questa pubblicazione "direttore" del *Conciliatore* e che viene riportata la notizia già data dal Maroncelli che Montani avrebbe dovuto succedergli in questo incarico in modo che Pellico potesse dedicarsi all'attività di autore di testi teatrali e Montani potesse avere un lavoro retribuito nell'ambito giornalistico-letterario. Sfumata questa possibilità si racconta che si aprì per il Montani un periodo particolarmente infelice perché i suoi amici erano o in carcere o in esilio ed egli si trovava in difficoltà economiche. A sollevarlo da questa situazione venne poi la proposta di Viesseux di una

1.

[Torino, 19 novembre 1832][3]

Bisogna pure che una volta io ti scriva che ti voglio sempre bene e che so quanto tu ne voglia a me. Quelle volte che di me parlasti nell'Antologia lo facesti con tanta gentilezza e cordialità. E l animo mio te ne fu sommamente grato. Or mi tragge a pregarti d una grazia che mai [t'avrei chiesto]. La stima che m'ha ispirato il signor Cicconi. Fammi il piacere d inserire nell'Antologia l'articolo che ti mando. Ei si merita ogni lode per l'ingegno veramente meraviglioso col quale s'è prodotto al nostro pubblico ed è inoltre uomo sì modesto e sincero che costringe a benevolenza. Spiacemi che una ragione

---

collaborazione regolarmente pagata per l'Antologia. Questa collaborazione però rimase in sospeso fino al 1824 e quindi per un periodo Montani tornò a Milano dove la situazione era peggiore di due anni prima (nel libro non viene detto esplicitamente, ma noi oggi sappiamo che nel 1822 si era concluso il processo Pellico-Maroncelli e nel 1824 si concluderà quello contro Confalonieri e i Federati) tanto che Montani fu tentato di emigrare in Svizzera come altri scrittori di idee liberali. Nel 1823 Montani venne arrestato e interrogato sopra alcune lettere compromettenti che erano state trovate presso di lui, ma trattandosi per lo più di lettere d'amore a Fulvia Verri e non di lettere dal contenuto prettamente politico, venne rilasciato. Purtroppo le lettere di Pellico, Giordani e altri amici milanesi del Montani vennero bruciate nel 1823 da un suo amico che voleva evitargli guai peggiori essendo in quel periodo Montani in carcere (come rivela lo stesso Montani in una lettera del 1830 a Vieusseux).

[3]   *Chiarissimo Signore / il Sig Montani collaboratore dell Antologia / Firenze*

ineluttabile m'obbliga a non apporre il mio nome a quest'articolo e questa ragione è semplice: A troppe persone ho già dovuto ricusare articoli. Una eccezione non mi sarebbe perdonata e tale è l'inquietudine de' maligni indiscreti che guai stuzzicarla. Tu dunque non apporrai al mio articolo se non Articolo comunicato. Ti ringrazio anticipatamente di questo favore e ti abbraccio con tutta l'anima. Riverisci Niccolini e tutti i tuoi colleghi.

Il tuo affezionatissimo Silvio Pellico

Torino 19 novembre 32

2.

[Torino, 29 novembre 1832][4]

---

[4]   *Al chiarissimo signor Giuseppe Montani Collaboratore dell'Antologia / Firenze*

Autografo nell'archivio del museo del Risorgimento di Milano.

La lettera è incompleta, sono rimasti, infatti, solo il terzo e il quarto foglio. Probabilmente da quello che risulta da una pubblicazione del 1867 i primi due fogli contenevano l'articolo del Pellico che io, però, non sono riuscita a rintracciare:

Mazzetto di lettere inedite con altre scritture: Giannotti, ... - Pagina 30

books.google.itPietro Bigazzi - 1867 - 58 pagine - Consultazione completa

10 *Silvio Pellico. Torino, 19 novembre 32. (Di fuori) Al Chiarissimo Signore il Sig. Montani collaboratore dell' Antologia, Firenze. Nota. — L'Articolo fu trascritto da altra mano e sta nel foglio medesimo.*

Pubblicata in S. PELLICO, *Due lettere a Giuseppe Montani*, Firenze, Le Monnier, 1858, pp. 9-11.

Ed a me, caro Montani, è piacere infinito l'avere finalmente una tua lettera. Io la sospirava fin da' primi giorni che risuscitai. Ma temea di destar sospetti; temea di nuocerti; mi parea d'essere in obbligo d'evitare ogni corrispondenza. Ed ogni corrispondenza infatti evitai per gran pezzo, tolte poche eccezioni non provocate da me. Ciò è ben naturale, non è vero, amico? Né tu ti scandalizzavi del mio silenzio, ma gemevi indovinandone il perché. Ah, sì! Abbiamo passato brutti tempi e non sono bellissimi ancora. Prendiamoli quai sono, e confortiamoci colla dolcezza dell'amicizia e degli studi. Ora tutto mi par gigli e rose, in paragone delle estreme miserie patite. Se non che frequentemente m'attrista la ricordanza dei cari che di quelle miserie non uscirono ancora, - la ricordanza d'altri cari sparpagliati chi qua chi là. – Non ti dico che la mia salute è assai rovinata. Puoi immaginartelo. Nondimeno vo migliorando lentamente, e non dimando di più. Certo sì è, che sono uno degli uomini più fortunati della terra. Ho ritrovato vivi i miei buoni genitori, due fratelli ed una sorella, e sono amatissimo da loro e da tutti i miei concittadini. Non credea più d'avere a godere tanta felicità. – le sventure altrui mi affliggono, ma per le mie, sono contento d'averle provate. Ho conosciuto fino a che grado l'uomo possa dolorare, senza perdere la ragione e senza cessare di sentire Iddio. Ah, davvero, amico! davvero io lo sentii! Gli uomini lo negano, ed egli è dappertutto e sempre, e vieppiù cogli infelici! – Ciò che meglio sostenne il mio coraggio, sì, fu l'accorgermi che Religione e Filosofia vanno perfettamente d'accordo, se mal non vengono intese. Persuaso di questa importante verità, esultai di portar fronte umana, quantunque trattato come fiera; e tale esultanza è seria nel dolore, ma pure è grande! Nel volume delle *Mie prigioni*, che avrai veduto (l'ho mandato

11

all'*Antologia*), ho riferito candidamente tutto ciò che era riferibile di que' miei patimenti. Sopravvivimi, o caro, e leggerai un dì il secondo volume.

Carlotta e Gegia[5] sono ancora a Brescia.[6] – Camilla Guiscardi[7] sarà ritornata da Genova a Milano, ma più non la rividi. Mi sfogherò a parlare di te colle due prime, che saranno reduci al finire di dicembre, e gli darò con religiosa tenerezza il tuo bacio.

Ringrazio te ed il signor Vieusseux, che vogliate, per amor mio, mettere qualche cosa del mio articoletto sovra Cicconi nell'Antologia. Il suo *Corradino* aveva veramente molte bellezze, e merita lode.

Addio, valentuomo, addio, amico di molti anni fa e di tutta la vita. Io che non piango quasi mai, ho pianto di gioia e di tenerezza, leggendo tante amorevolissime tue espressioni: le sento nel più vivo del cuore.

T'abbraccio, Giuseppe mio, t'abbraccio strettamente.

Silvio

---

[5]   Le attrici Carlotta e Gegia Marchionni a cui Silvio Pellico era particolarmente legato. A Carlotta perché aveva portato al successo la sua Francesca da Rimini e a Gegia perché ne era stato innamorato nei mesi precedenti all'arresto.

[6]   In quel periodo Carlotta Marchionni stava vivendo una tormentata storia d'amore con l'architetto bresciano Rodolfo Vantini di cui pochissimi a Torino erano a conoscenza.

[7]   Camilla Guisgardi è stata un'apprezzata litografa e pittrice, nata nel 1806 e morta nel 1893 di cui ancora oggi si ritrovano in vendita le opere sul mercato antiquario:
    http://arteantica.eu/artisti/guiscardi-camilla_00060179.html

2.

[Torino, 14 gennaio 1833][8]

Mio caro Beppo

Era impossibile che il mio libro delle *Prigioni* non fosse letto da te con particolare amore, perché sei anima così gentile e pietosa, e perché mi vuoi bene. Quel personaggio a cui intendesti dire che il mio libro sia spiaciuto sarà l'imperatore: così pur mi si fece sentire. Ed io non capisco ancora donde venga tal disapprovazione. Io non ci ho colpa, e fortunatamente ciò non mi reca disturbi. Il manoscritto passò per revisioni ordinarie e straordinarie; son quindi in regola.[9] Ho serbata la

---

[8] *Al chiarissimo signor Giuseppe Montani Firenze*
Autografo nell'archivio del museo del Risorgimento di Milano.
Pubblicata in PELLICO, *Due lettere*, cit., pp.12-14
Nella successiva lettera a Vieusseux Pellico scrive che lui e Montani si sono scambiati in tutto tre lettere tra la fine del 1832 e l'inizio del 1833, purtroppo la terza lettera non sono riuscita a rintracciarla. Tutto quello che è possibile ipotizzare è che essendo morto all'improvviso Montani la lettera di Pellico sia stata consegnata a Vieusseux e che questi l'abbia a sua volta data al sacerdote torinese Gian Gioseffo Boglino che nel 1833 era andato a Firenze e aveva consegnato a Vieusseux una missiva del Pellico. La lettera dovrebbe essere tornata dunque nelle mani dello stesso Pellico nella primavera del 1833 e da lì purtroppo se ne perdono le tracce...
[9]   Le mie prigioni avevano passato a maggio del 1832 la censura ecclesiastica e a luglio quella civile tanto che ad agosto Pellico aveva firmato il contratto con l'editore Bocca e il libro era uscito nell'autunno dello stesso anno. La censura piemontese non era molto liberale anche se l'ascesa al trono di Carlo Alberto aveva migliorato la situazione rispetto ai te,pi del suo predecessore Carlo Felice ed è probabile che la pubblicazione del libro sia stata autorizzata dalla censura statale anche per volontà del

dovuta moderazione, non ho detto sillaba che non sia vera. Vado chiedendo che cosa in Austria abbia dunque fatto condannare questo libro. Mi si risponde che un libello sarebbe meno spiaciuto, perché ognuno l'avrebbe trovato esagerato., - che movo troppa compassione per me e pe' miei concaptivi – che parlo con amore di Confalonieri e degli altri, invece di riprovarli, e cose simili. – Non ne capisco nulla, caro amico. Iddio m'è testimone che scrissi quelle Memorie, colla persuasione di far cosa irreprensibile, ad anzi – a dire il vero – lodevole agli occhi di tutti gli onesti. – Debbo per altro soggiungere che, eccettuata quella disapprovazione, mi vengono di continuo amorevoli applausi da tutte le parti. Non v'è quasi città di qualche riguardo in Italia, donde io già non abbia ricevuto testimonianze d'estimazione, per cagione di quel libro. Da Parigi e Londra mi si scrive concordemente. – A principio mi faceano un po' la smorfia certi esagerati liberali, a cui pare che un rabbioso libello sarebbe stato molto migliore d'un racconto così mite. Li lasciai dire, ed ora non odo più i lor sussurri.

O mio buon Beppo, m'incresce che su quel punto che m'accenni, v'abbia qualche differenza tra la tua mente e la mia. Ma i soli sciocchi ed i soli maligni sono intolleranti, e noi, grazie al Cielo, nol saremo.

Attesta, ti prego, la mia riconoscenza a quel sig. L. che non so

---

sovrano che desiderava mostrare una certa indipendenza politica nei confronti del potente impero austriaco. Oltre al fatto che il fratello minore di Pellico Francesco era sacerdote a corte e quindi potrebbe avere avuto anche egli un certo peso nel passaggio del libro almeno per quanto riguarda la censura ecclesiastica. D'altra parte Pellico proprio per evitare che il suo libro fosse bloccato alla censura aveva scritto un testo prudente e moderato che non danneggiasse i suoi amici ancora detenuti allo Spielberg.

chi sia, il quale fece un bellissimo articolo nell'*Antologia* sulle tre ultime mie tragedie.[10]

Gli sono grato e dell'indulgenza con che mi trattò e de' ben pensati ammaestramenti ch'ei mi diede.

Ho veduto l'articolo su Cicconi[11] nel fascicolo del passato mese. Rinnovo a te ed al signor Vieusseux i miei ringraziamenti.

Godo assai che la tragedia di Niccolini sia stata approvata. Saluta lui e Gino[12] e quanti costà mi vogliono bene. – L'amico tuo che mi annunci non è ancora comparso.

Vivi sano ed ama il tuo

Silvio

Torino, 14 gennaio 33

A GIOVAN PIETRO VIEUSSEUX

1.

---

[10]   *Erodiade*, *Gismonda* e *Leoniero* pubblicate nel 1832 dall'editore Bocca di Torino.

[11]   Luigi Cicconi era un poeta che apparteneva ad una categoria oggi scomparsa, ma ancora abbastanza diffusa nell'Italia degli anni '30 dell'800 quella degli improvvisatori che in luoghi pubblici o nei salotti erano capaci di recitare versi composti al momento su un soggetto o su un argomento.

[12]   Il nobile fiorentino Gino Capponi.

[Torino, 11 marzo 1833][13]

Egregio Vieusseux
Sento quale affanno debba essere stato per l'animo vostro, il perdere quasi ad un tempo un dilettissimo padre e un degno amico. Mesco alle vostre le mie lagrime, e vi prego dal cielo tali dolcezze che temprino sì grave dolore. Ne' giorni che il buon Montani moriva, io non presago di tanta sventura, gli scriveva l'ultima lettera. Spero che sarà venuta nelle vostre mani, con un manoscritto di poche carte ch'io a lui mandava. Era questo manoscritto un articolo d'un amico mio (*Sul progresso dell'incivilimento*)[14] ch'io pregava Montani di pubblicare nell'*Antologia*. Pochi giorni dappoi mi giunse da Milano la funesta notizia della morte di lui. Fu annuncio dolorosissimo per me, siccome debb'essere stato per tutti

---

[13] *All'Egregio / Signor Vieusseux / Direttore dell'Antologia / Firenze* Autografo nella Biblioteca Nazionale Centrale di Firenze
Pubblicata in S. PELLICO, *Cinque lettere inedite pubblicate da E. Rostagno*, Saluzzo, Tipografia Lobetti-Bodoni, 1905.
[14] Probabilmente si trattava di un articolo dell'abate piemontese Michele Parma, amico del Pellico che, infatti, in una lettera indirizzata a quest'ultimo scrive: "Un'opera qual vorreste fare sul vero valore del Medio Evo relativamente all'incivilimento sarebbe certo utilissima. Evitando quei forzamenti di sistema che mettono diffidenza, e scemano autorità anche per quei lati che non sono forzati, e conducendo semplicemente a considerare con giustezza il fatto, mostrerete che quel gran periodo di tempo, tuttoché abbondante anch'esso d'ignoranza e di delitti, ebbe sapienza e virtù e può offrirci nobili esempii e nobili lezioni. Tutte le verità della umana storia, giova indagarle e dirle, massimamente, quando se ne coordina la cognizione colla più importante delle cognizioni, quella che ci rivela i voleri di Dio, i doveri dell'uomo." (Lettera del 9 settembre 1832 in Silvio Pellico, Lettere agli scrittori piemontesi (1832-1853) a cura di C. Contilli, Lulu.com, 2013)

coloro che conoscevano quello schietto valentuomo. Ho letto con viva tenerezza e direi quasi con gioja, ciò che mi dice dell'amore che gli portavano a Firenze e che tanti generosi appalesarono onorando la sua sepoltura. Me ne sono compiaciuto per la memoria del nostro amico e perl paese che di sì gentile sentire dà prova.

Io vedea molto Montani a Milano, prima del 1821, e lo vidi ancora due giorni prima del 13 ottobre 1820, che scomparvi dal mondo. In quel periodo della nostra conoscenza, non avemmo mai occasione di corrispondere epistolarmente. Ritornato io nel mondo nell'autunno del 1830, non gli scrissi, perché le circostanze comandavano ch'io non iscrivessi ad alcuno. E continuammo lungamente ad amarci in silenzio. Ruppi questo silenzio soltanto tre mesi sono, e ci scambiammo non più di tre lettere. Rannodando con lui la relazione, lo trovai amorevolissimo come in passato. Queste poche righe sue sono preziose per me, ma non contengono particolarità, le quali possano giovarvi per la biografia di lui.

Allorch'egli ed io abitavamo in Milano, il nostro conversare era frequente, e tuttavia delle sue peripezie precedenti non seppi mai nulla; se non – ch'egli era Cremonese – che aveva convissuto giovinetto con Giordani – ch'era entrato ne' Barnabiti – che sempre aveva arso d'amore per la filosofia, senza scompagnarla da religione – che professore a Lodi in un collegio, la sua vita era colà stata amareggiata da maligni – che per liberarsi dalla molestia di questi aveva benché povero, abbandonato la cattedra e Lodi. –

Lo vidi sempre buono; costante nell'amor del vero; pauroso d'errare; ardito quando gli parea d'aver pensato rettamente, inclinato piuttosto a mestizia, ma non mai a selvatichezza; innamorato de' libri, ma più ancora dell'umanità e di Dio.

Talora s'affannava dubitando di alcuni punti della religione, e desiderava più lume e più fede. – Possa Dio a questo riguardo averlo consolato! –

Abbiate la gentilezza di rispondermi, se quell'articolo da me ultimamente a lui indiritto sia ora presso di voi, e se possiate inserirlo nell'Antologia. Glielo spedii per mezzo della sig. a Ungher, prima Cantante.[15] Ove ancora non lo aveste, vi prego, di farne ricerca, prontamente.

---

[15]   "Caroline Unger (Székesfehérvár, 28 ottobre 1803 – Firenze, 23 marzo 1877) è stata un contralto ungherese.In Italia era nota col nome di Carolina Ungher o Carlotta Ungher.

Biografia

Soprano drammatico dell'Austria-Ungheria iniziò da prima come contralto e mezzosoprano. Studiò a Milano con il tenore Domenico Ronconi e la soprano tedesca Aloysia Weber ed a Vienna con J. M. Vogl. Debuttò a Vienna nel 1821 nel ruolo di Dorabella in Così fan tutte con Franz Schubert come ripetitore. Nel 1823 cantò nella prima assoluta di Abufar di Michele Carafa al Teatro di Porta Carinzia di Vienna. Fu la prima interprete nel ruolo di contralto della Missa Solemnis e nella Nona Sinfonia di Beethoven nel 1824.

Ingaggiata dal grande impresario Domenico Barbaia per l'Italia, prese parte come protagonista a numerose opere in prima esecuzione assoluta: Parisina d'Este, Belisario, Maria di Rudenz di Gaetano Donizetti, La straniera di Vincenzo Bellini e alcune opere di Saverio Mercadante e Giovanni Pacini.

Nel 1826 fu Zora ne La schiava in Bagdad di Giovanni Pacini con Luigi Lablache e Manto nella prima assoluta di Niobe con Giuditta Pasta e Giovanni Battista Rubini di Pacini al Teatro San Carlo di Napoli.

Donizetti scrisse per lei delle parti volutamente tese e incentrate sulla tessitura centrale, data la sua capacità interpretativa.

Nel 1827 fu Marietta nella prima assoluta di 'Il borgomastro di Saardam al Teatro Nuovo (Napoli) cantata anche nel 1828 al Teatro San Carlo.

Al Teatro alla Scala di Milano nel 1828 prese parte al successo della prima assoluta di I cavalieri di Valenza di Pacini con Henriette Méric-Lalande ed alla prima assoluta di L'orfano della selva e nel 1829 al successo di La straniera come Isoletta diretta da Alessandro Rolla con la Méric-Lalande, Domenico Reina ed Antonio Tamburini.

Nel 1831 fu Alaide/Agnese ne *La straniera* al Teatro del Corso di Bologna e nel 1832 è Adele ne Il pirata con Wilhelmine Schröder-Devrient e Rubini al Théâtre des Italiens di Parigi, Elisabetta ne Gli esiliati in Siberia al Teatro Valle di Roma, Alaide/Agnese ne La straniera con Antonio Poggi e Giorgio Ronconi (baritono) e Berta ne I normanni a Parigi al Teatro Comunale di Bologna e Gabriella in Gabriella di Vergy diretta da Giovanni Battista Polledro con Giovanni Orazio Cartagenova al Teatro Regio di Torino.

Nel 1833 fu la protagonista della prima assoluta di Parisina d'Este con Domenico Cosselli e Gilbert Duprez al Teatro della Pergola di Firenze e Donna Elvira in Don Giovanni (opera) con Maria Malibran al Théâtre-Italien.

Nel 1834 fu Berta ne *I normanni a Parigi* e *Parisina d'Este* al Teatro San Carlo, Norma (opera) con successo, Parisina d'Este, Carolina ne Il matrimonio segreto, Rosina ne Il barbiere di Siviglia (Rossini), Anna Bolena (opera) al Teatro degli Avvalorati di Livorno.

Nel 1835 cantò nella prima assoluta di Il colonnello di Luigi Ricci e Federico Ricci (compositore) al Teatro del Fondo di Napoli, Ines de Castro di Giuseppe Persiani al Teatro delle Muse di Ancona, Donna Elvira in Don Giovanni con Fanny Tacchinardi Persiani al Teatro San Carlo e debutta come Giovanna prima regina di Napoli di Antonio Granara nella prima assoluta con Ignazio Pasini al Teatro La Fenice di Venezia.

Nel 1836 al Teatro alla Fenice sostenne la parte di Rosina ne Il barbiere di Siviglia, Antonina nella prima assoluta di Belisario ed Anaide in Mosè (Moïse et Pharaon).

Nel 1837 interpretò Antonina in *Belisario*, Lucrezia Borgia (opera) e Parisina d'Este al Teatro degli Avvalorati di Livorno e Rosmunda in Ravenna nella prima assoluta con Napoleone Moriani ed Ignazio Marini a Venezia.

Nel 1838 cantò la parte di Maria di Rudenz nell'insuccesso della prima assoluta, Parisina d'Este, Bianca nella prima assoluta di Le due illustri

19

onorate, e godo d'avere il vostro suffragio pel libro delle Mie

rivali con Eugenia Tadolini, Beatrice di Tenda, Elisabetta in Roberto Devereux, Adria nella prima assoluta di Al fausto arrivo di Ferdinando Primo Imperatore e Re a Venezia di Giovanni Battista Ferrari, Lucrezia Borgia, Berta ne I normanni a Parigi ed Elaisa ne Il giuramento (opera) a Venezia ed Elena in Marin Faliero (opera) al Teatro Regio di Parma.

Nel 1839 interpretò il ruolo di Lucia di Lammermoor e Donna Isabella nella prima assoluta di La sposa di Messina di Nicola Vaccai a Venezia, Arturo nella prima assoluta di Enrico II di Otto Nicolai nel Teatro Grande di Trieste (poi Teatro Verdi (Trieste)) e canta nella prima di 'Furio Camillo di Pacini al Teatro Apollo (Roma).

Nel 1841 sposò lo scrittore francese François Sabatier e si ritirò dalle scene nel 1843 ma nel 1851 torna come Maria di Rudenz al Teatro San Carlo.

Morì a Firenze nella villa "La concezione" (oggi Villa La Gressa) nel 1877.

Pensieri dei compositori sulla Unger

La Unger era in grado di generare pareri contrastanti, dato che la sua maniera interpretativa lasciava un po' spiazzati specie i compositori.

Vincenzo Bellini in una lettera scrive: "Che cattiva notizia per me è quella che la "Ungher" (cognome volutamente adottato dalla cantante in omaggio al suo paese d'origine) farà il Pirata! Quella donna non può cantare il soprano affatto affatto!"

Gioachino Rossini, sentitala a Parigi, disse: «la Unger possiede l'ardore del sud, l'energia del nord, polmoni di bronzo, voce d'argento e talento d'oro».

(Biografia tratta da: http://it.wikipedia.org/wiki/Caroline_Unger)

Come autore di teatro Pellico conosceva attrici e cantanti dell'epoca non solo le cugine Carlotta e Teresa Marchionni, la prima attrice drammatica e la seconda cantante di vaudeville con cui aveva uno stretto rapporto a metà tra amicizia ed amore, ma anche altre apprezzate interpreti dei suoi testi come le italiane Angelica Armari Dalbono, Carolina Internari ed Amalia Bettini e la francese Julie Meynier. Per quanto riguarda quest'ultima ho rintracciato di recente sul mercato dei collezionisti di timbri prefilatelici una lettera in parte del Pellico in parte scritta con una grafia diversa che non sono riuscita ad identificare indirizzata proprio alla Meynier

Prigioni.
Voi da gran tempo cercate di fare, e fate gran bene al vero sapere, nella nostra penisola. Come tutti gl'Italiani ve ne sono grato e lodo la vostra magnanima perseveranza.
Vi sono

div.^{mo} servitore ed amico
Silvio Pellico

Torino, 11 marzo 1833

2.

[Torino, 23 aprile 1833][16]

Mio caro Vieusseux
Un mio dilettissimo amico, uomo colto e pensatore, il P. Gian Gioseffo Boglino, ha la fortuna di poter venire a passare qualche tempo a Firenze. Egli è degno di fare la conoscenza d'un così valentuomo qual siete voi, e perciò gliela procuro. Ei vi dirà quanta stima nutrissimo da lungo tempo per voi. Ma in ciò non avevamo merito. Basta essere Italiani, per essere costretti a stimarvi ed amarvi.
Qui si dice che l'*Antologia* sia stata sacrificata per dar soddisfazione a qualche potenza straniera, ma che il gran duca

---

su cui sto svolgendo delle ricerche.

[16]   *Al Signore / G. P. Viesseux / Firenze*
         Autografo nella Biblioteca Nazionale Centrale di Firenze
         Pubblicata in S. PELLICO, *Cinque lettere inedite pubblicate da E. Rostagno*, Saluzzo, Tipografia Lobetti-Bodoni, 1905.

intenda di farla risuscitare con altro nome. E' egli vero? Lo desidero.

L'autore dell'articolo ch'io v'aveva mandato vi prega di rimandarglielo. Potete appunto consegnarlo a P. Boglino, il quale al suo ritorno ce lo recherà. Nondimeno se aveste un'occasione più pronta, di persona che venisse a Torino, vogliate spedirmelo per questa.

Amatemi e credetemi

Vostro aff. ^{mo} servo ed amico
Silvio Pellico

Torino, 23 aprile 33

SCHEDE BIOGRAFICHE DEI CORRISPONDENTI:

MONTANI, Giuseppe.

Da http://www.treccani.it/enciclopedia/giuseppe-montani_(Dizionario-Biografico)/

– Nacque a Cremona nel 1786 (Roma, Arch. storico dei pp. barnabiti, Liber sextus professionum clericorum a die 20 mens. ianuar. 1760 ad diem 8 sept. 1858, f. 131; vi si legge che la professione religiosa del M. è del 26 apr. 1804, «aetatis suae anno […] 18°») da Lorenzo, ingegnere, e da Luisa Bondi.

Compì gli studi nel ginnasio cittadino dei chierici regolari di S. Paolo; il 26 apr. 1804 entrò nell'Ordine per volontà del padre e per le sollecitazioni di un monaco del collegio, frequentando le scuole di Monza, Milano e Pavia. Nel 1807 fu nominato maestro supplente di belle lettere a Pavia e l'anno dopo a Lodi. A seguito del decreto napoleonico del 25 apr. 1810 che sopprimeva le congregazioni religiose, abbandonò il chiostro e rimase prete secolare continuando a insegnare retorica e filosofia a Lodi fino al 1817, anno in cui tenne due corsi, uno su propri compendi di metafisica da autori francesi, l'altro sugli Elementi di filosofia di M. Gioia; ebbe anche l'incarico di esaminatore dei maestri del distretto. Nel dicembre 1819 smise di celebrare la messa e lasciò l'abito talare; quando, nell'aprile 1820, gli venne offerto da Ludovico di Breme l'incarico di assistente ecclesiastico per il culto cattolico presso l'istituto educativo di Hofwyl fondato nel cantone di Berna da Ph.E. von Fellenberg, motivò il rifiuto con il distacco da ogni forma di religione positiva.

23

La sua attività letteraria si orientò dapprima verso la novellistica morale, con una raccolta anonima di venti Racconti per la gioventù (Lodi 1814), e verso la poesia, con liriche d'occasione (Nelle nozze di Giuseppina Rovida con Alessandro Imbrici Visconti, Milano 1810; gli endecasillabi sciolti Per laurea straordinaria in matematica del conte Cesare Rovida, Piacenza 1817) e con due raccolte di canzonette di registro patetico-elegiaco pubblicate a Lodi nel 1817, ma stampate a Milano da G. Pirola (sei canzonette A Venere italica e ventiquattro anacreontiche I fiori, con dedica a I. Teotochi Albrizzi e ampia appendice di Schiarimenti, in cui si coglie una certa attenzione per i problemi della scienza). I due opuscoli furono riediti a Imola nel 1818 e ottennero gli elogi di circostanza di I. Pindemonte e di V. Monti; più tardi, G. Carducci li avrebbe definiti opera di «un canzonettista di terzo ordine».

Dopo la caduta di Napoleone e il ritorno degli Austriaci in Lombardia, il M. poté contare sull'aiuto di alcuni amici (G.B. De Cristoforis, G. Brugnatelli) per superare le difficoltà economiche in cui si era venuto a trovare. Compì qualche viaggio a Venezia, Padova e Parma, dove si entusiasmò alla vista delle opere del Correggio. Nel 1817 intervenne su Lo Spettatore in difesa dei propri versi giovanili e nella primavera 1818, in opposizione alla Biblioteca italiana diretta da G. Acerbi, tentò di dare vita a un periodico, la Biblioteca straniera, dapprima con P. Giordani e col letterato parmense M. Leoni, che poteva vantare un'esperienza giornalistica presso la redazione dei foscoliani Annali di scienze e lettere (e che già aveva dettato la prefazione alla raccolta poetica I fiori), poi con il trentino P. Zajotti, allora agli inizi della carriera di magistrato. Il progetto fu abbandonato quando pochi mesi dopo, a Milano, venne avviato Il Conciliatore, al cui gruppo promotore il M. subito si avvicinò; uno dei fondatori, S. Pellico, intenzionato a dedicarsi al teatro tragico, aveva destinato a succedergli il M., che però limitò la propria collaborazione a un solo articolo (Sopra alcune traduzioni d'Anacreonte, n. 16 del 25 ott. 1818, siglato G. M.; altri due, su G. Savonarola, F. Guicciardini e Lorenzino de' Medici, furono bloccati dalla censura).

In quegli anni, durante i quali ampliò la cerchia delle amicizie (G. Compagnoni, L. Porro Lambertenghi, P. Giannone, L. di Breme) ottenendo anche l'incarico di precettore a Varese di T. Dandolo (figlio di Vincenzo, agronomo, esponente della illuminata aristocrazia lombarda), il M. lavorò soprattutto come collaboratore editoriale (l'almanacco Le donne, 1824, per l'editore O. Manini; il Gabinetto del giovane naturalista di Th. Smith, 1821-26) e traduttore: I martiri, ossia il trionfo della religione e Il genio del cristianesimo di F.R. de Chateaubriand, 1814-16; Utopia di Th. More, 1821; Viaggio intorno alla mia camera di X. de Maistre, 1823; Viaggio di Policleto a Roma del barone A. de Theis, 1824; la Vita del gesuita bergamasco G.P. Maffei scritta in latino da P.A. Serassi, 1821. La versione de I fanciulli o i loro caratteri di M. Edgeworth fu pubblicata a Firenze nel 1828 per cura di P. Bigazzi; quella de L'uomo singolare di A. Lafontaine apparve postuma a Milano nel 1846. Per l'Antologia morale, ascetica, oratoria pubblicata da P.M. Visai a Milano dal 1820 il M. curò fra l'altro Gli ufficii di s. Ambrogio, i Sermoni di s. Agostino, le Orazioni di G. Nazianzeno, le Omelie di G. Crisostomo, i Caratteri de' più celebri oratori sacri del cardinale J.-S. Maury, i Pensieri sulla religione di B. Pascal, i Pensieri religiosi di J. Bernardin de Saint-Pierre, la cui filosofia della natura, influenzata da

Rousseau, fu importante nella sua formazione, al pari del magistero vichiano di G.D. Romagnosi.

Nel 1820 il M. si innamorò della figlia di P. Verri, Fulvia, allora legata al maggiore G. Jacopetti, ex ufficiale napoleonico; la incontrò più volte a Firenze e intrattenne con lei un lungo carteggio. La vicenda gli ispirò un romanzo (Milano, Beccaria e Verri), perduto. Nel 1821, durante un viaggio in Toscana, per il tramite di M. Leoni conobbe l'intellettuale di origine ginevrina G.P. Vieusseux, che a palazzo Buondelmonti animava un gabinetto scientifico-letterario e che nel gennaio 1821 aveva fondato, con G. Capponi, l'Antologia, rivista scientifica, economica e letteraria, di ispirazione liberale. Fin dai primi momenti Vieusseux comprese che il M. avrebbe potuto diventare un importante collaboratore del giornale e gli commissionò alcuni articoli, cercando di favorire il suo trasferimento a Firenze.

Nel febbraio 1823 gli editori A.F. Stella e F. Fusi gli chiesero di dirigere la seconda Società tipografica dei classici italiani: malfermo in salute, il M. si vide costretto a spostarsi da Milano in Brianza e a soggiornare a Balbianello, sul lago di Como, presso C. Verri. Il 15 ag. 1823, a Milano, venne arrestato con l'accusa di essere stato in corrispondenza con i circoli carbonari; durante gli interrogatori l'abile inquisitore A. Salvotti lo indusse a rivelare qualche nome, tra cui quello di Fulvia Verri («l'angiolo»). Dopo alcuni mesi di detenzione fu rilasciato, ma un decreto governativo del 17 novembre lo obbligò a risiedere a Cremona.

Non risulta comunque che il M. fosse direttamente coinvolto nella cospirazione; il 5 dic. 1823, scrivendo al Vieusseux, imputava il proprio arresto alla scoperta da parte della polizia di alcune lettere inviate nell'estate 1819 a T. Dandolo, «sparse d'espressioni malinconiche, le quali poterono far supporre in me una forte avversione al Governo». Risale a questo periodo la distruzione di molte lettere in suo possesso (duecento di P. Giordani, una decina di U. Foscolo, altre di S. Pellico e di G. Perticari). Rivolgendosi il 23 nov. 1823 a C.G. Torresani, direttore di polizia, il M. faceva presente che, dopo aver ottenuto a Milano qualche notorietà in ambito letterario a prezzo di non poche fatiche, sarebbe stato per lui impossibile trarre profitto dagli studi in una città di provincia; chiedeva che, se il bando era immutabile, almeno gli fosse concesso di trasferirsi a Firenze.

Già dall'estate 1822, tramite il comune amico M. Leoni, si erano intensificati i contatti con Vieusseux, che nel febbraio 1823 aveva affidato al M. la gestione di una «Biblioteca d'educazione» dedicata alle famiglie, agli istitutori e ai maestri di scuola elementare; ma il progetto non fu portato a compimento. Nel marzo 1824, ancora grazie alla mediazione di Vieusseux che interessò alla pratica il conte H.F. di Bombelles, ministro austriaco in Toscana, il M. ottenne un salvacondotto e si trasferì a Firenze, in via dei Tintori (poi avrebbe abitato nei pressi di S. Maria Novella). Succedeva ai classicisti A. Benci e U. Lampredi nel ruolo di compilatore responsabile della sezione letteraria dell'Antologia, con regolare stipendio; un aspetto, quello della sicurezza economica, da lui sempre rivendicato (il suo incarico era in effetti ben remunerato: in dieci mesi, fra il settembre 1824 e il giugno 1825, ricevette un compenso di 1112 lire per 445 pagine di stampa di articoli originali).

Cominciava così lo stretto sodalizio del M. col cenacolo degli intellettuali riuniti intorno al Vieusseux (G. Capponi, P. Colletta, G. Poerio, F. Forti, G. Cioni, P. Capei); un impegno esclusivo, che non gli consentì di realizzare altri progetti editoriali, come una raccolta degli scritti di G.D. Romagnosi e l'annotazione per una nuova edizione delle Opere del Vasari, da lui avviata ma poi completata da G. Masselli e pubblicata a Firenze nel 1832-38. Nell'arco di dieci anni firmò sull'Antologia (con la sigla M.) oltre cinquecento articoli di economia, statistica, storia, diritto, scienze naturali, teatro, letteratura, dai semplici annunci librari (sotto la generica denominazione di Rivista letteraria erano spesso riunite decine di recensioni) ai nove articoli (fra il 1829 e il 1831) sul Cours de littérature française di A.-F. Villemain, dai cinque interventi (1829-30) sugli Atti dell'Accademia della Crusca (sulla questione della lingua il M. abbandonò le premesse antipuristiche degli anni milanesi per approdare all'affermazione risoluta della supremazia della parlata popolare toscana) alle otto Lettere (1829-32) sulla Storia generale di G.G. de' Rossi (1505-64), vescovo di Pavia e governatore di Roma, del quale aveva rinvenuto i manoscritti nella libreria della villa del Barone, fra Montemurlo e Prato, di proprietà del marchese L. Tempi.

Spirito versatile (fece anche parte della Deputazione della Società filodrammatica fiorentina fondata nel 1828), il M., in piena sintonia con le idee del direttore Vieusseux, fu il collaboratore ideale dell'Antologia, che dovette molto a «questo suo mediocre e purtroppo fragile, ma alacre e onesto redattore» (C. Dionisotti). Dopo qualche tempo venne affiancato da N. Tommaseo, giunto a Firenze nell'ottobre 1827, che, dopo una fase che aveva privilegiato la presentazione di brani estratti da giornali in prevalenza stranieri, impresse all'Antologia una linea più marcatamente storica. Pienamente coinvolto in questa prospettiva (anche se i suoi rapporti con Tommaseo non furono sempre facili), il M. si dedicò alla stesura di articoli sui costumi patrii e su episodi significativi della storia italiana, riservando un'attenzione speciale agli scrittori dotati di particolari qualità letterarie; di qui il rilievo accordato agli storici (R. Malespini, D. Compagni, P. Paruta, C. Bentivoglio, P.F. Giambullari, C. Botta) e a Machiavelli come interprete dello spirito del Rinascimento e prodromo di alcuni caratteri dell'identità nazionale (aprile e settembre 1832, pp. 78-96 e 37-51). Fautore del rinnovamento politico e letterario, in una realtà socialmente avanzata come quella fiorentina, e interprete di istanze illuministiche di progresso, il M. assunse di frequente le vesti di critico militante. La stessa scelta delle opere da recensire o segnalare era funzionale a questo scopo, e divenne con frequenza il pretesto per affrontare temi di più vasta portata, per opporsi ai «cavalieri dello spegnitojo», cioè «i campioni dell'oscurantismo» (Antologia, marzo 1825, p. 106), per propagandare quelle idee romantiche che i precedenti redattori letterari del periodico avevano ridimensionato come fenomeno di importazione. In accordo con Vieusseux, il M. antepose tuttavia sempre le ragioni della modernità e del progresso etico-civile ai fondamenti propriamente estetici e letterari del movimento, cogliendone con grande chiarezza le implicazioni sociali e ideologiche.

Nella recensione del Sermone sulla mitologia di V. Monti (ottobre 1825, pp. 102-140) condannò il ricorso alle «favole antiche», proponendo per la moderna poesia temi socialmente utili di ambito storico, politico, scientifico: «Chiunque riguarda la letteratura come una cosa seria, non come un vano trastullo dello spirito, [...] è irresistibilmente portato al romanticismo, vale a dire ad un sistema filosofico, il quale non per capriccio o per amore di novità rinuncia alla mitologia e alla servile imitazione degli antichi, ma perché nella mitologia e nella servile imitazione non trova più nulla che serva ai bisogni presenti» (p. 139). Monti, che già aveva manifestato qualche insofferenza per gli atteggiamenti del M. (gli rimproverava fra l'altro il tono eccessivamente adulatorio di alcune «mellifue letterine» a lui indirizzate anni prima), disse di aver provato più compassione che sdegno per quella «lunga predica dissennata», in cui a suo dire il M. aveva confuso maldestramente l'ufficio del poeta con quello del filosofo.

Il M. fu amico di C. Cattaneo, di S. Pellico, di G.B. Niccolini e P. Giordani, che gli indirizzò il 20 febbr. 1823 una importante lettera sulla scoperta, compiuta da A. Mai sul finire del 1819, di alcune parti del De Re publica di Cicerone in un palinsesto della Vaticana. Manzoni lo ebbe caro per il comune amore («forte, rabbioso») nutrito per la lingua toscana (così scriveva a Tommaseo sul finire del 1830 nella minuta di una lettera, poi non completata e mai inoltrata); ai Promessi sposi il M. dedicò un breve ma importante articolo sull'Antologia (agosto 1830, pp. 140-142), come omaggio alla bellezza «più morale che letteraria del romanzo» (già peraltro ampiamente recensito sul giornale da Tommaseo). Riservò poi un intervento assai più articolato (agosto 1825, pp. 61-91) all'edizione fiorentina, presso G. Molini, delle Tragedie, propugnandone la messa in scena (il teatro era visto dagli «antologisti» come strumento di crescita sociale)e illustrando sistematicamente le tesi dellaLettre à M. Chauvet. Fu inoltre tra i primi a comprendere la grandezza di Leopardi, al quale era stato segnalato all'inizio del 1819 da P. Giordani e di cui il 5 maggio 1819 aveva lodato le «magnanime» canzoni All'Italia e Sopra il monumento di Dante per gli accenti patriottico-civili; poi ne recensì nell'Antologia l'edizione bolognese delle Canzoni (dicembre 1824, pp. 76 s.), i Versi del 1826 (novembre-dicembre 1827, pp. 273-275), le Operette morali (febbraio 1828, pp. 158-161), l'edizione fiorentina dei Canti (aprile 1831, pp. 44-53), oltre all'edizione delle Rime del Petrarca (ottobre 1826, pp. 134-136) e ai due volumi della Crestomazia italiana (gennaio 1828, pp. 171 s., giugno 1829, pp. 119 s.). Dopo i primi scambi epistolari, l'amicizia fra i due si rinsaldò durante i soggiorni in Toscana di Leopardi, anche se al M. fautore di un progressivo incivilimento doveva rimanere estranea la concezione leopardiana di una inevitabile infelicità del genere umano.

Scomparso il padre nell'estate 1827, il M. non poté entrare in possesso dell'eredità, gravata di debiti; tuttavia nella stagione fiorentina visse in condizioni di relativa agiatezza, grazie ai proventi dell'attività giornalistica e, in seguito, alla vendita a G. Tassinari della propria raccolta libraria, in vista di un trasferimento progettato a causa di timori politici.

Il M. morì dopo breve malattia a Firenze il 19 febbr. 1833, «alle ore due e mezzo», come scrisse Vieusseux in una lettera inviata al Poligrafo di Verona; il direttore dell'Antologia (soppressa dalla censura granducale di lì a poche settimane) ricordava il M. come «prezioso amico ed eccellente collaboratore», notando che cinquecento persone «d'ogni grado e d'ogni maniera di professione e di studj» furono presenti alla tumulazione nel chiostro di S. Croce, dove R. Lambruschini tenne una breve orazione funebre.

Fonti e Bibl.: Necr. in: Il Nuovo Ricoglitore, XCVIII, febbr. 1833, pp. 219-221; Biblioteca italiana, XVIII, gennaio-marzo 1833, p. 127; Poligrafo. Giornale di scienze, lettere ed arti, XIII, febbr. 1833, pp. 354 s.); Milano, Biblioteca Ambrosiana,

S.T.L.V.5-8 (quattro volumi che riuniscono gli estratti a stampa di un gran numero di Articoli letterari e Riviste letterarie del M. per l'Antologia, con alcune correzioni a margine; quello intorno al Discorso sullo studio filosofico delle lingue del conte di Volney, nel fasc. di luglio 1828, pp. 124-141, reca a p. 124 la nota ms. «tutto mutilato»); Lodi, Bibl. comunale Laudense, Carteggio L. Anelli, XXXIV.B.11 (dieci lettere del M.); Cremona, Bibl. statale, BB.2.1. fasc. 6 (una lettera del 1812 a L. Bellò); Firenze, Arch. storico del Gabinetto Vieusseux, Copialettere, I, 16, 167, 217, 244, 258, 322, 510; II, 146, 192, 228, 245, 578; III, 156, 444, 474, 518, 536, 720 (carteggio con Vieusseux, 1822-23);Ibid., Biblioteca nazionale, Fondo Vieusseux, 72, 27, 40, 46, 49, 50-51, 122, 123-124; Fondo Tommaseo, 186, 6 e 198, V, 4 (carteggio con Vieusseux, 1822-23); [A. Vannucci], Memorie della vita e degli scritti di G. M., Capolago 1843 (in appendice, pp. 134-249, 76 lettere del M.); P. Bigazzi, Due lettere di S. Pellico a G. M., Firenze 1858; G. Carducci, Della poesia melica italiana (1868), in Opere, XIX, Bologna 1909, p. 61;A. De Gubernatis, G. M. il cireneo della vecchia «Antologia» studiato sopra il suo carteggio inedito, in Nuova Antologia, XXII (1880), fasc. XIV e XV, pp. 193-224 e 419-440; P. Prunas, L'«Antologia» di G.P. Vieusseux, Roma-Milano 1906, pp. 78-83 e passim;C.A. Anelli, Ai miei figli. Ricordi della mia vita, Milano 1914, pp. 7-28; A. D'Ancona, Memorie e documenti di storia italiana dei secc. XVIII e XIX, Firenze 1914, pp. 478-483; A. Ottolini, G. M. Lettere e ricordi inediti, in Arch. storico lombardo, XLII (1915), pp. 645-668; O.M. Premoli, Storia dei barnabiti dal 1700 al 1825, Roma 1925, p. 463; V. Monti, Epistolario, a cura di A. Bertoldi, Firenze 1928-31, IV, p. 400; V, p. 388; VI, p. 150; G. Agnoli, Nel primo centenario della morte di G. M. scrittore, educatore, patriota cremonese, in Annuario del R. Liceo scientifico G. Aselli, Cremona 1933, pp. 23-47; G. Boffito, Scrittori barnabiti o della Congregazione dei chierici regolari di S. Paolo (1533-1933). Biografia, bibliografia, iconografia, Firenze 1933-37, II, pp. 596-600; A. Ottolini, Per l'onorabilità di G. M. (da docc. inediti), in Arch. storico lombardo, LXII (1936), pp. 201-218; C. Bonetti, Per G. M. (da documenti inediti), in Boll. storico cremonese, s. 2, VII (1937), pp. 61-76; Discussioni e polemiche sul Romanticismo (1816-1826), a cura di E. Bellorini, Bari 1943, II, pp. 194-199, 262-266, 275-321; Lo studio dell'antichità classica nell'Ottocento, a cura di P. Treves, Milano-Napoli 1962, pp. 435-443; A. Di Preta, Il carteggio inedito M.-Vieusseux, in La Rassegna della letteratura it., LXVII (1963), pp. 78-115, 271-306; Critici dell'età romantica, a cura di C. Cappuccio, Torino 1968, pp. 299-435; U. Carpi, Profilo di G. M., in La Rassegna della letteratura it., LXXIII (1969), pp. 273-337; A. Manzoni, Lettere, a cura di C. Arieti, Milano 1970, I, p. 618; R. Stefanelli, Un romantico illuminista. G. M., Ravenna 1972; L. Brentari, La critica di G. M., in Aevum, XLVII (1973), pp. 518-537; M. Berengo, Intellettuali e librai nella Milano della Restaurazione, Torino 1980, pp. 7, 52, 71-74 e passim; A. Ferraris, Introduzione e Nota bibliografica, in G. M., Scritti letterari, Torino 1980, pp. VII-CVIII; C. Dionisotti, Appunti sui moderni. Foscolo, Leopardi, Manzoni e altri, Bologna 1988, pp. 111-114, 123 s., 161 s.; A. Ferraris, La severità dell'«istoria» e le immagini del romanzo negli scritti di G. M. sull'«Antologia», in Teorie del romanzo nel primo Ottocento, a cura di R. Bruscagli - R. Turchi, Roma 1991, pp. 33-40; F. Monterosso, G. M. recensore di quattro edizioni leopardiane a Bologna, Milano, Firenze, in Le città di Giacomo Leopardi.

Atti del VII Convegno internaz. di studi leopardiani. Recanati... 1987, Firenze 1991, pp. 275-302; E. Benucci, Il primo redattore dell'«Antologia»: lettere inedite di G.P. Vieusseux a G. M., in Antologia Vieusseux, I (1995), pp. 104-121; G. Leopardi, Epistolario, a cura di F. Brioschi - P. Landi, Torino 1998, I, p. 301; G. Bertoncini, Una bella invenzione: G. M. e il romanzo storico, Napoli 2004; C. Varotti, Dal «Conciliatore» all'«Antologia». La storia e la tragedia tra G. M. e Pagani Cesa, in Idee e figure del «Conciliatore», a cura di G. Barbarisi - A. Cadioli, Milano 2004, pp. 553-568; G. Albergoni, I mestieri delle lettere tra istituzioni e mercato. Vivere e scrivere a Milano nella prima metà dell'Ottocento, Milano 2006, pp. 28, 30.

William Spaggiari

Giovan Pietro Vieusseux
Da Wikipedia, l'enciclopedia libera.

Ritratto di Giovan Pietro Vieusseux

Giovan Pietro Vieusseux (Oneglia, 28 settembre 1779 – Firenze, 28 aprile 1863) è stato uno scrittore ed editore italiano, di origine svizzera.

Biografia

Stabilitosi a Firenze nel 1819, dopo anni di viaggi per commercio, si dedicò agli studi letterari. Fondò nel 1820 il Gabinetto Vieusseux che, inizialmente, era pensato come un punto di diffusione della lettura di periodici e libri. In contatto epistolare con i principali intellettuali del tempo, pubblicò con Gino Capponi "L'Antologia", periodico di informazione letteraria e politica.

La rivista ospitò, tra gli altri, scritti di Pietro Colletta, Giuseppe Mazzini e Niccolò Tommaseo. Fu proprio un articolo di quest'ultimo che nel 1833 causò la soppressione del periodico.

Nel 1842 fonda l'Archivio Storico Italiano.

L'eredità letteraria di Vieusseux [modifica]

Il politico Giovanni Spadolini raccolse la sua eredità letteraria impegnandosi a continuare la pubblicazione dell' Antologia (divenuta la Nuova Antologia) e creando una fondazione che preseguisse nel compito dopo la sua morte, la Fondazione Spadolini Nuova Antologia.

Intitolazioni

La tomba di Giovan Pietro Vieusseux al cimitero degli Inglesi, Firenze

A Vieusseux è intitolato il Liceo scientifico di Imperia e una Piazza di Firenze.

Scritti

Delle condizioni del commercio librario in Italia e del desiderio di una fiera libraria e per incidenza della proprietà letteraria e dell'unione doganale, Firenze, coi tipi della galileiana, 1844;

Lettere e carteggi

Carteggio, Gino Capponi, Gian Pietro Vieusseux, 3 volumi, Firenze, Fondazione Spadolini-Nuova antologia, Le Monnier, 1994-1996:

1. 1821-1833, con introduzione e a cura di Aglaia Paoletti, prefazione di Giovanni Spadolini;

2. 1834-1850, con introduzione e a cura di Aglaia Paoletti; premessa di Cosimo Ceccuti;

3. 1851-1863, con introduzione e a cura di Aglaia Paoletti, premessa di Cosimo Ceccuti;

Bibliografia

Raffaele Ciampini, *Gian Pietro Vieusseux, i suoi viaggi, i suoi giornali, i suoi amici*, Torino, Einaudi, 1953, con ampia nota bibliografica alle pp. 461-464;
Vieusseux,Giovan Pietro, *Journal-itinéraire de mon voyage en Europe (1814-1817). Con il carteggio relativo al viaggio.*, Firenze, Olschki, 1998, a cura di L. Tonini.

Per saperne di più:

http://www.vieusseux.fi.it/cenni_storici/cenni_storici.html

Edizioni dell'epistolario di Silvio Pellico
Pubblicate dal 1856 al 2009:

A. ALEARDI, A. CESARI. S PELLICO, *Lettere estratte dalla raccolta di autografi posseduta dal signor Giovanni Soster di Valdagno*, Schio Tipografia Manin, 1881.

(Contiene una lettera di Silvio Pellico indirizzata al canonico Antonio Grippa datata 12 ottobre 1838).

M. BRIGNOLI, *Lettere inedite di Silvio Pellico* in *Saluzzo e Silvio Pellico nel 150. de "Le mie prigioni"*. *Atti del Convegno di studio : Saluzzo, 30 ottobre 1983*, a cura di A. A. MOLA, Torino, Centro di studi piemontesi, 1984, pp. 43-73.

(Contiene ventuno lettere indirizzate a Giuseppina Pellico, sorella di Silvio, scritte tra il 1844 e il 1853; nove lettere indirizzate a Giulio Caponago, scritte tra il 1836 e il 1851; una lettera indirizzata al conte E. De Seguins-Vassieux, datata 19 settembre 1832; una lettera indirizzata al critico letterario dell'*Antologia* Giuseppe Montani, datata 19 febbraio 1833; una lettera indirizzata al conte torinese Cesare Balbo, datata 8 giugno 1833; una lettera indirizzata al padre domenicano Raimondo Feraudi, priva di data; una lettera indirizzata a mons. Filippo Artico, vescovo di Asti, datata 14 agosto 1843;

una lettera indirizzata al conte Vincenzo Piccolomini, datata 20 dicembre 1844; una lettera indirizzata a J. A. Martigny, datata 25 giugno 1845; una lettera indirizzata a Roberto Parenti, console del Re a Livorno, datata 1° gennaio 1848; una lettera indirizzata ad Emilia, priva di data).

D. CHIATTONE, *Una lettera di Silvio Pellico a Stanislao Marchisio* in *Piccolo archivio storico dell'antico marchesato di Saluzzo, Annata I*, Ristampa anastatica, Saluzzo, Editoriale Rosso, 1987.

ID., *Due lettere di Silvio Pellico* in *Piccolo archivio storico dell'antico marchesato di Saluzzo, Annata I,* Ristampa anastatica, Saluzzo, Editoriale Rosso, 1987.

(Contiene una lettera indirizzata al teologo Borel, datata 18 settembre 1848 ed una lettera indirizzata allo scrittore belga Léger Noel, datata 25 aprile 1839).

S. PELLICO, *Alcune lettere inedite*, a cura di R. RENIER, Torino, Officina Poligrafica Ed. Subalpina, 1911.

(Contiene venti lettere indirizzate al padre somasco Antonio Bottari, scritte tra il 1838 e il 1850).

ID., *Epistolario,* raccolto e pubblicato a cura di G. STEFANI, Firenze, Le Monnier, 1856.

ID., *Due lettere a Giuseppe Montani,* Firenze, Le Monnier, 1858.

ID., *Due lettere inedite,* pubblicate a cura di F. MARTINI, Pescia, Tipografia Benedetti e Niccolai, 1921.

(Contiene una lettera indirizzata all'ex compagno di prigionia Alexandre Andryane, datata 4 novembre 1837 ed una lettera indirizzata allo scrittore Giovanni Sabbatini, datata 17 marzo 1850).

ID., *Due lettere inedite di Antonio Rosmini e di Silvio Pellico a Luigi Fornaciari,* Firenze, Tipografia Carnesecchi, 1847.

(Contiene una lettera di Silvio Pellico datata 15 febbraio 1847).

ID., *Cinque lettere,* pubblicate da E. ROSTAGNO, Saluzzo, Tipografia Lobetti-Bodoni, 1905.

(Contiene due lettere indirizzate a Giampietro Vieusseux, datate rispettivamente 11 marzo 1833 e 23 aprile 1833; una lettera indirizzata all'attrice Angelica Armari Dalbono, datata 20 maggio 1833; una lettera indirizzata al marchese Cesare Campori, datata 14 agosto 1843 e una lettera indirizzata a Quirina Mocenni Magiotti, datata 1° gennaio 1845).

ID., *Lettera alla signora Quirina Magiotti (la donna gentile) del 12 maggio 1846*, pubblicata da D. MARTELLI, Firenze, [Le Monnier], 1892.

ID., *Lettere a Giorgio Briano: aggiuntevi alcune lettere ad altri e varie poesie*, Firenze, Le Monnier, 1861.

(Contiene cinquantotto lettere indirizzate allo scrittore Giorgio Briano; due lettere indirizzate ad Anna Briano, moglie di Giorgio; due lettere indirizzate a Felice Muletti, tre lettere indirizzate al marchese Roberto D'Azeglio; tre lettere indirizzate al conte Enrico Seyssel; due lettere indirizzate alla contessa Cristina Seyssel; sei lettere indirizzate a Giovanni Arrivabene, sette lettere indirizzate a M. Schmidt oltre alle cantiche: "Tasso e tre amici", "Tancredi", "Alla marchesa Giulia Colbert di Barolo", "L'allegria", "Prima Comunione").

ID., *Lettere alla donna gentile,* pubblicate a cura di L. CAPINERI - CIPRIANI, Roma, Società editrice Dante Alighieri, 1901.

(Contiene centoventidue lettere indirizzate a Quirina Mocenni Magiotti scritte tra il 1816 e il 1847 ed una lettera indirizzata ad Ernestina Martelli, nipote di Quirina, datata 24 ottobre 1849).

ID., *Lettere due edite da Giovanni Marziali in onore di Don Clemente Michetti per il cinquantesimo del suo sacerdozio*, Fermo, Tipografia Mecchi, 1872.

(Contiene una lettera datata 25 giugno 1845, il cui destinatario non è stato identificato ed una lettera, indirizzata al conte Serafino D'Altemps, priva di data).

ID., *Lettere famigliari inedite. Epistolario italiano,* pubblicate dal sacerdote prof. C. DURANDO, Torino, Tipografia Salesiana, 1876.

(Contiene sedici lettere indirizzate ad Onorato Pellico, padre di Silvio, centottanta lettere indirizzate a Luigi Pellico, fratello maggiore di Silvio, e centoventisette lettere indirizzate a Raimondo Feraudi).

ID., *Lettere famigliari inedite. Epistolario francese*, pubblicate dal sacerdote prof. C. DURANDO, Torino, Tipografia e Libreria Salesiana, 1878.

(Contiene tre lettere indirizzate a Margherita Tournier Pellico, madre di Silvio; una lettera indirizzata a Francesco Pellico, fratello minore di Silvio; cinquecento lettere indirizzate a Giuseppina Pellico; dodici lettere indirizzate alla marchesa Giulia Falletti di Barolo).

ID., *Lettere inedite*, pubblicate a cura di L. DELLA VALLE, Modena, Tipografia dell'Immacolata Concezione, 1861.

(Contiene tre lettere indirizzate al sacerdote Paolo Bedoschi, parroco di Chiari in Lombardia, datate rispettivamente 21 marzo 1840, 31 dicembre 1840 e 6 settembre 1841, ed una lettera, priva di data, indirizzata a Giuseppina Pellico).

ID., *Lettere inedite*, pubblicate da G. CLARETTA, Firenze, Tipografia della Gazzetta D'Italia, 1879.

(Contiene quattordici lettere indirizzate al conte torinese Maurizio Biandrate scritte tra il 1833 e il 1835).

ID., *Lettere inedite a Carlo Muletti*, pubblicate a cura del prof. F. GABOTTO, Saluzzo, Tipografia Bovo e Baccolo, 1901.

ID., *Lettere inedite al conte Andrea Gabrielli*, pubblicate a cura di A. MABELLINI, Fano, Tipografia Letteraria, 1914.

ID., *Lettere inedite a Giovan Battista Carlo Giuliari*, Verona, Franchini, 1900.

ID., *Lettere inedite a suo fratello Luigi*, pubblicate dal sacerdote C. DURANDO, Torino, Tipografia e Libreria dell'Oratorio di S. Francesco di Sales, 1875

ID., *Lettere milanesi (1815-1821)*, a cura di M. SCOTTI, Torino, Loescher - Chiantore, 1963.

ID., *Lettere scelte al padre Raimondo Feraudi*, pubblicate dal sacerdote prof. C. DURANDO, Torino, Tipografia Salesiana, 1880.

ID., *Mes Prisons. Des devoirs des hommes. Ildegarde. Lettres inédites*. Traduction nouvelle par Madame Woillez, Tours, Mame et C. Editeurs, 1846.

(Contiene due lettere indirizzate a "Madame de B.", indicata come "Madame la comtesse de Benevello" nell'edizione Stefani e 5 lettere indirizzate a "M. le comte de B." In queste lettere tutti i cognomi presentano la consonante iniziale seguita da tre asterischi).

ID., *Poesie e lettere inedite*, pubblicate per cura della Biblioteca della Camera dei Deputati, Roma, Tipografia della Camera dei Deputati, 1898.

(Contiene ventisei lettere indirizzate a Federico Confalonieri scritte tra il 1837 e il 1846 ed una lettera indirizzata alla contessa Sofia O' Ferral, seconda moglie di Federico Confalonieri, datata 20 dicembre 1846).

ID., *Tre lettere dirette al cav. Parenti, console di S.M. Sarda a Livorno*, pubblicate da F. BARIGAZZI, Firenze, Tipografia Landi, 1901.

ID., *Una lettera al cav. Lorenzo Mancini: pubblicata per la prima volta e dichiarata con note sull'autografo della Biblioteca Comunale di S. Gimignano*, Siena, Tipografia Ed. San Bernardino, 1900.

ID., *Una lettera inedita all'abate Giulio Cesare Parolari*, pubblicata a cura di F. MAZZINI, Siena, Tipografia San Bernardino, 1911.

ID., *Una lettera inedita*, Estratto da *Il Buonarroti*, 1885, serie III, Vol. II, Quaderno II, pp. 1-10.

(Contiene una lettera datata indirizzata all'incisore tedesco Karl Voigt che si era convertito al cattolicesimo dopo la lettura de *Le mie prigioni*).

ID., *Una lettera in occasione di matrimonio*, Roma, Tipografia della Camera Apostolica, 1858.

ID., *Un Te Deum inedito di Gaetano Donizetti e una lettera inedita di Silvio Pellico*, Bergamo, Officine dell'Istituto d'arti grafiche, 1907

ID., *Versi per il genetliaco della marchesa Giulia di Barolo preceduti da una lettera alla signora Nina Olivetti*, Firenze, Stabilimento Tipografico Pellas, 1890.

(Contiene una lettera, datata 25 luglio 1845, indirizzata alla poetessa fiorentina Nina Olivetti che aveva composto dei versi per il compleanno della marchesa di Barolo).